Nervous System Exercise

「今ここ」神経系エクササイズ

神経セラピスト
浅井咲子【著】

「はるちゃんのおにぎり」を読むと、他人の批判が気にならなくなる。

梨の木舎

「はるちゃんのおにぎり」のストーリーには神経系を整えて穏やかにする秘密が隠されています。

- ●絵本の中には５つの動作が出てきます。この５つの動作はいわゆる神経系の「下ごしらえ」をするものです。
- ●日常生活に神経系の知識を少しプラスすることで、今まで以上により柔軟に気楽に日常を送れるヒントを提供します。
- ●はるちゃんの行動の背景にあるものを神経生理学の知識によって解説します。絵本をより効果的に活用できるようになります。

はるちゃんのおにぎり

さく：あさいさきこ　え：おおこしきょうこ

はるちゃんは、
おそらをみるのがだいすき。
おにぎりはもっとすき。

ぼーっと、
しろいくもを
ながめていたら、
なんだかおにぎりに
みえてきました。

ぼーっ

りーん、りーん、
そのとき、
でんわがなりました。

「もしもし、
…あらま、
わかったわぁ、
おだいじにね」

「はるちゃーん、おばあちゃん
びょうきだって」

はるちゃんは、
いつもやさしいおばあちゃんの
おみまいにいきたくなりました。

おばあちゃんに
なにをもっていって
あげよう。

おりがみかな、

カードかな、

それとも
〇〇かな。

「でもやっぱり、
おにぎり
つくってあげよう!」

ぼーーーっと
してはいられません。
いそがしい、いそがしい。

まず、はるちゃんは、
あつあつごはんを　ふーーーっ

おばあちゃん、
はやくなおりますように。

ふーっ

なかみはなににしようかな?
おばあちゃんうめぼし よくたべていたな。

うめぼしにしよう!
きょろきょろ
うめぼしをさがします。

うめぼしのかめをあけたら
すっぱいにおい。うめぼし、
きっとすっぱいだろうな
とおもって、

はるちゃん、
すっぱいかおに
なっちゃいます。

ごはんに
うめぼしいれて
にぎにぎ。

「おばあちゃん、
はやくげんきに
なってね！」

「で〜きた！ やったあ！」

はるちゃん、おにぎりをもってでかけます。
「おばあちゃんちはちかいんだ！
いそいでもっていくぞ！」

はるちゃん、
いえをとびだしました。

はるちゃん、
かぜをきっていつもより
はやくはしります。

テレビでみた
ひょうやチーターのきぶん。

そんなにいそいでだいじょうぶ？

「あっ、いけない!」と
おもったときには、
はるちゃん、
じめんにどって〜ん。

おにぎりは
ぐっちゃぐちゃ…。

はるちゃんのおにぎり
つぶれちゃいました。

はるちゃん、
なかないようにしようと
いっしょうけんめい。

でも、ぐちゃぐちゃの
おにぎりをみたら、
いたいし、かなしいし、
どうしたらいいか
わからなく
なっちゃいます。

「あっ、はるちゃんだいじょうぶ？」

きんじょのやまださんです。
「いたかったね〜
ないてもいいんだよ〜」

はるちゃんは、
やまださんの
エプロンのなかで
なきました。

しばらくないたら
なんかすっきり。

やまださんに「ありがとう」をいって、
またおにぎりをつくります。

よーし、こんどはもっとおいしいおにぎり、
はやくつくるぞ！

ぼーーーっと
しては
いられません。

ごはんを
ふーっ。

きょろきょろ
うめぼしを
さがします。

きっとうめぼし
すっぱいだろうな。

そしてごはんを
にぎにぎ。

はるちゃん、
ふーっと、
しんこきゅうして
おちついて、

おにぎりを
もっていきます。

そのころ、
おばあちゃんは
はるちゃんを
まっていました。

おばあちゃんちを
めざして、
はるちゃん
すすみます。
おにぎり、
しっかりもって。

こんどは
はるちゃん
しんちょうです。

あっ、おばあちゃんちが
みえてきた。

こんどは、
だいせいこう。

おばあちゃん、
まどから
てをふっています。　　　　はるちゃんのすがたが
　　　　　　　　　　　　　みえて うれしそう。

「おばあちゃん、
ころんじゃったけれど、
おにぎり、ちゃんと
つくれたよ。

おいしいのが
できたよ!」

「すごいね、はるちゃん、
よくできたね、
がんばったね。

しっぱいしても
いいんだよ。

それにしても、
おいしそうな
おにぎりだね」

おばあちゃんも はるちゃんも、
げんきになるように
おにぎりを おなかいっぱい たべました。
あ〜おいしかった。

もくじ

おはなし　**はるちゃんのおにぎり**……3

はじめに……28

1章　神経系のはなし……31
　　　神経の4つの状態……32
　　　見分けてみよう……39
　　　なだらかな神経のうごき〜サーモスタット機能……43
　　　腎臓と仲良くなろう〜サーモスタットの臓器……47

2章　5つのエクササイズ〜神経の下ごしらえ……49
　　　5つのエクササイズ
　　　　まずは、何も考えずにやってみましょう！……50
　　　サーモモード（サーモスタットが入った状態）を伝達させよう……52
　　　グループや集団に向けて試してみよう……55

3章　サーモモードをつくり、レジリエンスのある生活へ……61
こうやって神経系は変化する……62
まとめ　レジリエンスのある生活とは……69

4章　神経系の発達……71
サーモモードつかめましたか……72
神経系のセルフケアについて……72
神経系の発達（Neurosequencial development）とは？……73
養育者とのかかわりがストレス対処のパターンに……75
バランスのとり方、介入の方法……76

5章　気づきが癒し……87
神経系の土台がないとどうなるか……89
癒しは自分のなかから……91

参考文献……94
あとがき……98

はじめに

　私自身、実は体やメンタルが決して強いとは言えません。
　20代、海外勤務で多忙なときは緊張と疲労・虚脱を繰り返しました。社会人から学生に戻ってカウンセリングを学んだ20代後半から30代は、起きるのも辛い日がありました。

　そんな私がだんだん元気になって活力を取り戻していったのは、自分とのつきあい方を神経科学の知識をもとに実践していったからです。愛、知識、仕事、お金が徐々にうまく循環し、なんだか幸せです。常日頃あった仕事への心配が、最近は心配しなくても自分のやりたいことをやれば、それなりにうまくいくことを悟りました。

　愛は人に求めることから自分に向けて喜ぶことを覚え、自己犠牲が格段に減りました。不全感・不足感から「まだ足りない」と半ば焦って必死になって会得していた知識は、好きなことを楽しみながら学ぶ好奇心に変わっていきました。興味の赴くままに仕事し、時に休みながら続ける、こんな気楽さを手に入れました。

　私が半信半疑ながらも実践、体験したことは、
神経とのつきあい方＝自分とのつきあい方
　ということです。神経を調整できるようになると「今ここ」に集中できます。「今ここ」度が上がるほど人生は快適なものになります。

神経系の活性化の度合いとポリヴェーガル理論

　本書では、いかに神経の調整をしながらパターンを再構築し、「今ここ」度を上げていくかを提案します。神経が柔軟さを帯びて他人の批判から自由になる状態を一緒に目指しましょう。

下地の準備ができるといろいろな感情に出会える

（Fisher, Schwartz, Porges の理論をもとに創作　91 頁参照）

1章　神経系のはなし

　神経系とのちょっと上手なつきあい方ができているとき、それは調節機能が働いていて、自分の内側の状態（身心の状態）が良好で、外側の状態（他者との関係）も適度にうまくいっているときです。自分がこの「まぁまぁよい状態」でいられる時間が一日の大半を占めていられたらかなり幸せな毎日を送っていると言えます。私も時には、イライラして怒りをあらわにすることもあります。でもそんなときでも、自分を上手にねぎらってあげられるようになるために、まずは神経の特徴を理解していきましょう。４つの状態をお話します。

神経の４つの状態

  「誰かとつながる」、

 「やすむ・たべる」、

  「にげる・たたかう」、

 「こおる」

神経ってなあに？

　ここでは自律神経系のことを言います。
　自律神経系は体の臓器のほとんどに通っており、電気信号の伝達によって活動したり、休んだりをしています。自律神経系は、意志的な体の動作をつかさどる体性神経系に対して、意志とは関係なく私たちの生存を守る神経系です。

主な働きは、

　消化の抑制・促進
　心拍の加速・減速
　気管支の拡張・収縮
　筋肉の緊張・弛緩　　　などです。

自律神経系は交感神経（興奮、車でいうところのアクセル）と副交感神経（リラックス、車でいうところのブレーキ）の働きに分けられ、興奮と沈静化の役割を担っています。

　車でいうアクセルの神経は交感神経です。「たたかう・逃げる」の神経で、この神経が働くとわれわれは興奮したり緊張したりします。

自律神経の図（交感神経と副交感神経）

―― 交感神経
―― 副交感神経

大脳　間脳　小脳　中脳
動眼神経　顔面神経　迷走神経
腹腔神経節　上腸間膜神経節　交感神経幹　下腸間膜神経節　仙椎神経

涙腺　眼　唾腺　汗腺　立毛筋　心臓　肺　気管　肝臓　胃　膵臓　小腸　大腸　副腎　腎臓　膀胱　子宮

交感神経：活動する時に働きます　　副交感神経：休息時に働きます

交感神経は、
　心拍数、呼吸、血圧を上げ、
　素早い動きができるように血液を消化器官から筋肉に移します。
　けがに備えて、血管を収縮させ皮膚の表面から血液を引かせ、
　瞳孔を拡げ、まぶたを縮めて目を集中させます。

　車でいうブレーキの神経は、副交感神経です。リラックスするときに働いている神経で、この神経によってわたしたちは落ち着きます。

副交感神経は、
　筋緊張のゆるみを促し、
　心拍と血圧を下げます。
　皮膚を温め、赤みが戻ってきます。
　消化を促したり、
　呼吸を遅くします。
　血液を抹消血管に送ったり、
　免疫系統の機能を回復します。
　体液も分泌します。
　（Levine 1997, 2010, 2015）

　人前でのスピーチなどの緊張する場面を想像してみてください。落ち着かなくなったり、筋肉がガチガチになったり、時間が近づくにつれて息苦しいような感じがしてきたり。または口から心臓が出てしまうのではないかと思うほどドキドキするかもしれません。そしてスピーチが終わると今度はホッとします。大きく呼吸が入ってリラックスできますし、お腹がすいてくるかもしれません。肩が固

くなっていたことに気づくかもしれません。やり遂げた高揚感みたいなものを味わいながら落ち着いていくことでしょう。

　こうやって日々の生活のなかで、「緊張したら緩む、緩んだら活力を取り戻す」を知らない間に繰り返しているのです。

　さらに、
　イリノイ大学精神医学科名誉教授、スティーブン.W.ポージャス博士（Porges 2011）は、哺乳類、とくに人間が「つながり」を育む生き物であることに注目し、この哺乳類特有の機能への自律神経系の関与を研究しました。ポリヴェーガル理論と言われています、なんだか意味不明な難しい理論の名前ですよね。実はさまようように通っている神経の理論という意味で、まだ解明されていないことも多いのです。
　人はアクセルの神経、交感神経によってたたかったり、逃げたり、そしてリラックスの神経の副交感神経によって落ち着いたり、お休みしたりします。ポリヴェーガル理論によると、このリラックスの神経は2つに分かれます。
　まずは、一人でリラックスするときです。背側迷走神経（はいそく）という神経を使います。一人でご飯を食べたり、ボーっとしたいな、というときはありませんか？人といることに疲れて一人で自由気ままでいたいとき、この神経がはたらいています。「休息・消化」モードです。人と会話したり、つながることがめんどうでおっくうなときです。
　この神経が働いている時間が十分に確保されると、次に2人以上でのリラックスの神経、腹側迷走神経（ふくそく）が働

きます。腹側迷走神経は「社会的つながりシステム」の神経と呼ばれています。つながりモードです。他者と心地よく一緒にいるには、ある程度心拍が緩やかに下げられていないと快適ではないわけです。この神経が働くことで、誰かといて「たたかう、逃げる」モードにならず、「つながる」ことができるのです。穏やかな心拍になるので、健康にもよいといえます。そして、一人で休む時間が充実できないと誰かとつながることは難しいのです（Phillips & Kain 2016）。

　背側迷走神経は一人での休息や消化の他にも、危険な時に身を守って凍りついてくれる、解離してくれる、シャットダウンしてくれるというありがたい役割も担ってくれているのです。本当に危険なときはたたかったり、逃げたりという行動自体が逆に命を危険にさらしてしまうからです。極度の温存モードです（Levine 1994, 2010; Porges 2004, 2011）。

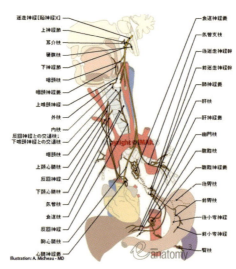

腹側及び背側の迷走神経

通信欄

小社の本をご注文お申込いただく場合、このハガキを購入申込書としてお使いください。代金は書籍到着後同封の郵便振替用紙にてお支払いください。送料は200円です。
小社の本の詳しい内容は、ホームページに掲載しております。
是非ご覧下さい。　http://www.nashinoki-sha.com/

【購入申込書】 (FAXでも申し込めます)　FAX 03-6256-9518

書　　　　　名	定　価	部数

お名前		
ご住所 (〒　　　　　)		
	電話	(　　　)

郵便はがき

1 0 1 - 0 0 6 1

切手を貼って
お出しください

千代田区神田三崎町 2-2-12
エコービル1階

梨 の 木 舎 行

★2016年9月20日より CAFE を併設。
移転に開店しました。どうぞお立ちちよりください。

お買い上げいただき誠にありがとうございます。裏面にこの本をお
選びいただいたご感想などお聞かせいただければ、幸いです。

お買い上げいただいた書籍

梨の木舎

東京都千代田区神田三崎町 2-2-12 エコービル1階
TEL 03-6256-9517 FAX 03-6256-9518
E メール info@nashinoki-sha.com

(2024.3.1)

次の 2 つの図は同じことを言葉と絵で表しています。図の上のほうにいけばいくほど、神経系は緊張度を増します。命が危険にさらされているということです。逆に交感神経の活性化が低い時はつながりモード（腹側迷走神経）で過ごすことができるか、もしくは休息・消化モード（背側迷走神経）が働きます。

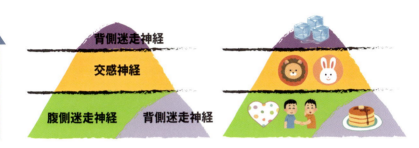

神経系の活性化の度合いとポリヴェーガル理論

子どもには下から「お友だちと一緒」、
「一人でボーっとお休みしたり、なにか食べているとき」、
「ライオンさんはたたかう、うさぎさんは逃げる」、
「固まるのはこおり」、などと説明します。「一緒に固まってみて。こおり！」などと遊びながら覚えてみます。

　このお山の図のようにアクセルとブレーキの自律神経系には「やすむ・たべる」「誰かとつながる、なかよし」、「たたかう、にげる」「こおりつく」、この 4 つの状態があります。自律神経系が、普段はほどよくマイルドなブレーキであるつながりモード（なかよしの腹側迷走神経）と休息・消化のモード（パンケーキの背側迷走神経）を使い、緊張が必要だったり、身を守るときはたたかう、逃げるのア

クセル（ライオン・うさぎの交感神経）を稼働させます。そして非常時でアクションを取ることさえ危険なときは急ブレーキ（こおりの背側迷走神経）を働かせます。このようなパターンが神経に構築されていれば、快適な生活を送ることができるのです。

　ちなみにライオンとうさぎの交感神経で緊張や興奮をしなくても、２章のエクササイズを繰り返すとなかよしの腹側迷走神経で興奮できるようにもなれるのです。

　さて、ここで問題です。
　３つの神経のうち、どの神経が主に働いているでしょう？
　こおり、ライオン、うさぎ、なかよし、パンケーキで答えてみましょう。

Q１．ひきこもり、うつ状態、いつも疲れている
　　　　　　　　　　　　　　　Ａ．こおり（背側迷走神経）

Q２．激しい気分の波があるとき
Ａ．ライオン、うさぎとこおり（交感神経と背側迷走神経の両方）

Q３．不安やパニックのとき
　　　　　　　　　　　　　　　Ａ．うさぎ（交感神経）

Q４．人といて楽しい、活力があってリラックスしている
　　　　　　　　　　　　　　Ａ．なかよし（腹側迷走神経）

Q5．ひとりでくつろいでご飯を食べている
　　　　　　　　　　A．パンケーキ（背側迷走神経）

　4つのどれが働いているか、どれが使われているのか、使われていたのか、ということに気づいていると、さらに余裕があるという証拠になります。自分の神経系との付き合いが上手になるので、神経に負荷をかけ過ぎる前に程よく休めます。休みも貯金をするように貯めていくことができるようになるので、枯渇したり疲弊したりすることが少なくなります。これが精神疾患だけでなく生活習慣病などの予防にもなるのです。体が無理に神経系、免疫系、内分泌系を駆使して活力を捻出しなくてよくなるのです（Morse & Wiley, 2012）。超高齢化の社会になってきているなかで健康寿命を上げていくために、自分でできることをコツコツやっていくのは有意義なことだと思います。一人ひとりが神経のパターンやリズムを意識して過ごせることは何よりも自分への貢献であり、やさしさです。
　活力の効率よい使い方をする自分へのエコ、今から始めてみてはいかがでしょうか？人生を豊かにするものだと思います。つぎにそれぞれの神経系の見分け方と実際わたしたちは何ができるか説明していきます。

見分けてみよう

　4つの神経系の状態を自分や周りの人々を見て識別できるようになりましょう。いまある状態に気づくこと、これには練習が必要です。練習といってもちょっと注意をして観察しているだけでいいんです。相手と心地よくいるためにやってみてください。お金はかか

りません。専門の知識やトレーニングがなくても大丈夫ということが分かると思います。4つの状態を理解して、自分に注意を向けてあげるだけでいいんです。ちなみにパンケーキの背側はこおりの背側よりも身体に優しい温存モードです。お休みモードと考えてみてください（cf. こおりの背側は極度の温存モード、停止状態です）。

4つの状態をどのように見分けていくか、声・姿勢・呼吸・視線・表情で特徴をあげてみます。

声（電話でもわかる）

背側の声はしゃがれていたり、妙に小さく、話すスピードがゆっくりすぎたりします。海底の生き物を想像してみてください、ゆっくりと動いていますね。動くと酸素を消耗してしまうので温存しながら動くのです。ですから人間だと息が続いてないような話し方をしたり、声に抑揚がなくなります。聞いているほうは少しイライラすることもあります。

　興奮する神経である交感神経の声はかん高かったり、話し方もスピードが速かったりします。結構強くこの神経が働いていればいるほど警戒モードなので、声も固くなります。金切り声やクレーマーのようにまくしたてるようなしゃべり方にもなります。

つながりの腹側は表情筋や咽頭、喉頭、横隔膜あたりまでを通っています。腹側の声はゆったりしていますが、抑揚もあり聞いていて心地よいです。そして興味をそそられます。聞いていても眠くはなりません。

姿勢

背側の姿勢は筋肉を保つ力すらなくなり背筋が曲がって崩壊してしまっているか、不動状態という感じで硬く固まっています。

交感神経の姿勢は不動というより逃げたりたたかったりといったような、何かアクションを起こさなくてはいけない準備の感じや緊張の固さがあります。

腹側の姿勢は重力に従っているようなリラックスしている感じがあって、筋肉には弾力があります。

呼吸

水中にいるとき酸素を温存するために器官などのパイプが閉じられるようにできています。それと同じで背側の呼吸は酸素の消耗を防ぐがごとく限られるので浅くて遅いです。

交感神経の呼吸はたたかったり逃げたりアクションを起こすため浅くて速くなります。

腹側の呼吸は比較的深くてゆったりしています。充実した呼吸という意味で、ジューシーな呼吸という表現が私は好きです。

視線

　背側の視線は焦点が定まっていなかったり、遠くや宙をボーッとじっと見ていたりしています。

　交感神経の視線は逃げる先を見つけたり、攻撃に備えなくてはならないので、視点が集中していて、視野が狭くなります。

　腹側の視線は視野が広く環境とつながるようにやわらかく見渡せます。

表情

　背側は表情を司る筋肉（表情筋）を通っていないので、無表情になります。能面のような感じです。

　交感神経の表情は次のアクションに備えて警戒が必要なので険しく、表情筋も硬くこわばります。

　腹側の表情は人とつながるために顔の筋肉を使っており、とくに目の周りの筋肉に動きがあり、目にも感情が現れたりします。

	背側迷走神経	交感神経	腹側迷走神経
声	小さい　抑揚なし ゆっくり　息が続かない	スピード速い 固い声　クレーマー	穏やか 抑揚する　心地よい
姿勢	崩壊または不動	準備　警戒	重力に従ってリラックス
呼吸	浅く遅い	浅く速い	ゆったり　ジューシー
視線	定まらない　宙をボーッと	集中　狭い	やわらか　ひろい
表情	無表情	硬くこわばる	豊か 感情が目に現れる

なだらかな神経のうごき～サーモスタット機能

　毎日すがすがしく起きて、うきうきした気分で太陽をあおげたらいいですよね。そして一日なんとなくストレスがありながらも上手に乗り越えて楽に過ごせたら快適です。毎日気楽に生きていくということは、神経系の自己調整力に深くかかわりがあります。自己調整力とは神経の高ぶり興奮してもおさまる、つまり上がっても下がる、下がっても上がるということです。どんなに緊張しても、5分から8分のアドレナリン（神経を興奮させる神経伝達物質でもあり血中に流れるホルモン）の活動期間が過ぎると、リラックスがくるという仕組みです。

　"上がっても下がる"がある程度保たれているということは、自分の神経系にいわば温度調節機能、"サーモスタット"がインストールされているようなものです。例えばエアコンを23度に設定すれば、25度に上がったら2度下がり、20度になれば3度上げて

くれます。この調整機能のようなものがあるのとないのとでは、人生が大きく異なってきます。

　サーモスタット機能つきのマイルドにはたらく神経系を手にいれることで、日常のパフォーマンスが徐々に高まります。前述したように交感神経をあまり稼働せずにつながりモードだけで活動できるようになるので（Porges 2017）、ムカついたり、疲れたり、不安になったりする時間が減って「穏やか元気」のような状態がキープできます。

　上がっても下がる、なだらかな神経系にはサーモスタット機能が不可欠です。神経の波の線に一本軸が通っている状態です（図）。サーモスタット機能（一本線、軸）とは具体的にはつながりの神経（腹側迷走神経 👫）と休息・消化モード神経（低い背側迷走神経 🥞）のことをいいます。

　腹側迷走神経でだれかとつながる 👫 もしくは休息と消化の背側迷走神経を使って一人でリラックスする 🥞 状態は、振れ幅の高さをある程度抑えて、幅もある程度リズムが整っている状態にしてくれます（図）。

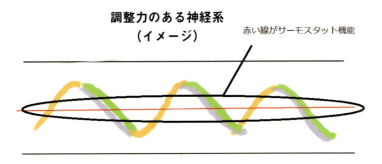

調整力のある神経系（イメージ）　赤い線がサーモスタット機能

サーモスタット機能があると未来への心配や過去への後悔が減るので「今ここ」度がアップします。このサーモスタットを導入していくために、私は触れる〈ハンズオン〉という手法も使うのですが、主に休息・消化モードの神経が通っている腎臓とたたかう・逃げる（交感神経）の警戒のセンサーがあるといわれている首と頭の付け根あたりの脳幹にふれます。

　触れても触れなくてもサーモスタットの感じというのは習得できます。ここでは、サーモスタットが入った状態を「サーモモード」とでも言っておきましょう。体感の世界なので言葉にするのは難しいのですが、次記のような感覚・特徴があります。腎臓に手を当てると一層分かりやすくなります。「腎臓が落ち着いて重力に従った感じ」というのが一番あてはまる表現になるかと思います。

　くり返しますが、サーモモードは背側迷走神経 🍮 と腹側迷走神経 👨‍👦 の両方です。このサーモモードがないとどんな療法もスキルも効果が持続しないか、療法が合わないと調子を崩すということが起きてきます。要は一本線のサーモスタット、土台という安定があると多少強度の高いことをやったり、ストレスがかかったり、負荷がかかってもシステム的に総崩れということが防げるのです。

　サーモモード（土台）の感じとは、

・あったかい
・のんびり
・ほっこり

・穏やか
・ホッとする
・フーッと呼吸が一段深くなる
・体のなかにスペースが広がる感じ。
・落ち着きが一段階増す
・すっきりする
・活力がありながらリラックス
・とにかく快適ないい感じ
・ゆったり
・重力を感じる、椅子などに体重を預けている感じ

　パンケーキで示されている消化・休息モード（背側迷走神経）は実は非常に重要な役割を担っています。修復状態（repair state）と言われているのですが、この神経系が働いているときは実際に組織を修復してくれたり、免疫機能の回復をしてくれたり、よい消化・吸収を促してくれます（Phillips & Kain, 2016）。この状態の時間を十分取ることで、われわれの安全の感覚を深めることができます。また、つながりモード（腹側迷走神経）が働き、社会的なつながりが保たれるには、消化・休息モード（背側迷走神経）の時間がある程度確保されることが必要なので、社交的な時間が長過ぎたら必ず一人で静かな時間を持ちましょう。

　この消化と休息モードを作るエクササイズをご紹介します。少しずつサーモモードを充実させましょう。

図　土台の神経

腎臓と仲良くなろう〜サーモスタットの臓器

　腎臓：腎臓は2つありますので、両手を背中側、あばら骨のすぐ後ろあたりにおいてみるだけでOKです。（大体5〜10分で大丈夫。）不安で眠れないとき、寝る前にやると効果的。よく眠れるようになります。腎臓が自分の手の方に動いてきたり、自分の手なのか腎臓なのか分からないけど拍動を感じるなどの変化が現れたらとてもうまくいっている証拠です。

　腎臓は副腎のすぐ下にあります。交感神経が興奮するとき副腎からアドレナリンが出ます。これは長くても15分ぐらいで沈静するようになっているのですが、あまりに興奮が引き続くと今度はコルチゾールという効き目の長いホルモンに切り替わります。体は効率が良いことが好きなのです。コルチゾールの効き目は多いと約8時間。ですから、日中興奮が持続し、夜にコルチゾールに切り替わってしまうと睡眠の時間に目が冴えて神経が休まらず眠れなくなったりします。

そこで、背側迷走神経が通っている腎臓に触れることで、休息モードを促していきます。腎臓が重力に従って休んでくれることで、副腎を圧迫してアドレナリンやコルチゾールを分泌し続けるのを防いでくれるのです。そうすると入眠もスムーズになりますし、交感神経の使い過ぎを防いでくれるのです（Kainへのインタビュー　2010）。

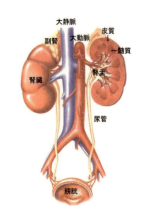

「サーモモード」に一日何回かアクセスできるように練習してみましょう。この状態を神経系が知っているということは、自律神経系がいい状態にあるということを示しています。逃げる・たたかう神経を過剰に使わなくてすむので、相手も自分も穏やかに過ごすことができます。同じ内容を相手に伝えるときもサーモモードを意識できているときのほうが断然、相手への印象がよくなりますし、自分も心地よく過ごせます。

　私は講座を開いていろいろな専門家の方々から質問を受けるのですが、サーモモードでいるときは、なにかひらめいたり落ち着いて答えることができます。サーモモードを忘れている時はしどろもどろになったりします。

　ここまで神経系を観察する練習と背側迷走神経の休息・消化のサーモモードにアクセスするということについてお話をしました。次には、つながりの腹側迷走神経を刺激してサーモモードをさらに強くするエクササイズを紹介したいと思います。

2章 5つのエクササイズ ～神経の下ごしらえ

　さて、ここからは、「なかよし」で示されている社会的につながる神経、腹側迷走神経を刺激するテクニックをご紹介します。どれも絵本の中に出てきたシンプルで何気ないものですが、こつこつ１日１回でも続けることが重要になってきます。神経系の下ごしらえ、土台づくりです。こんな簡単でいいのか、と思われるかもしれませんが、実は奥が深いのです。

5つのエクササイズ
　まずは、何も考えずただやってみましょう！

ぼーっ、ぶーっ

　　　　　　　　　　　船が港に出たり入ったりするときの「ぼー」、「ぶー」の音を声に出して言ってみます。自分の声が喉や顔あたりに響くのを感じてみます。腹側迷走神経は内耳や中耳、表情筋、咽頭・喉頭あたりを通り、心臓、横隔膜あたりまで続きます。その神経系を声の振動を使って刺激すると、マイルドブレーキが働くのを促進することになります。活力があるのに落ち着いているという不思議な状態に気づくかもしれません。

ぎゅーっ

　　　　　　　　　　　梅干しを食べてすっぱいときの顔のように、顔をぎゅーっと集めてみます。表情筋を動かすので腹側迷走神経を刺激できます。
　　　　　　　　　　　被災地などでは大勢でやってもらい、お隣の人とお互い面白い顔をうっすら目を開けて見てもらいます。こうやってユーモアを使って笑うのもまたつながりの神経系の働きを促進してくれます。

にぎにぎ

何かを握って放してもいいですし、グー、パーと手を握ってほどいてでもよいです。低反発のクッション、枕などを握ってもよいでしょう。何回かやってみると呼吸が深くなったり筋肉が緩んでくるかもしれません。緊張、不安、心配、イライラがあるときにやってみましょう。不快な状態が変化することを実感できて、イライラが少しおさまります。グー＝小さい緊張、パー＝小さい弛緩、小さい波を作っていきます。

ふーっ

１〜２回、口呼吸をしてみます。呼気は下唇に響かせるようにながーく吐くのが重要です。アクセルがゆるんで、マイルドブレーキが入ってきます。落ち着くと同時にいい活力も感じられます。にぎにぎと同じで、緊張、不安、心配、イライラが少しおさまるでしょう。ちなみに鼻呼吸だとパンケーキで示されている休息・消化の背側を刺激できます。

きょろきょろ

単にきょろきょろ周りを見てみます。見えるものを３つ口に出して言ってみてもよいでしょう。ものの名前でなくても、色でも形でも、素材でもなんでもいいです。

つながりモードの腹側迷走神経が刺激され、くるくると忙しかった思考が少しストップしてくれます。

調子の悪いときにやると「効かなかった！」という結果に終わります。どちらかというと調子の悪いときの頓服薬みたいな感じではなく、調子のよいときに日常的に一日一回でもやってもらいたいと思います。5つ練習してみると少しずつ、ネガティブ思考の時間が減って「今ここ」にいやすくなります。「あるがまま、今ここ」みたいな時間が増えていくので、思考が穏やかに止まって何も考えていない、という状態を経験できるようになるでしょう。順番は気にしないで大丈夫です、もし気に入った順番があったらそれでやってみてください。

サーモモード（サーモスタットが入った状態）を伝達させよう

「実際にバランスのよい神経系を作るのにどれくらい時間がかかるの？」とか、「どのくらいで効果があらわれるんですか？」という質問をよく耳にします。それは人それぞれで、胎内環境、成育歴などから神経系の発達を考慮にいれなくてはなりません。ただ一般的に言えるのは年齢の10％ぐらいの時間は続けてみてほしいということです。ですから、5歳の子どもなら約6か月、40歳の大人なら4年という感じになります（Kainへのインタビュー 2011）。サーモモードにどのくらい簡単に、頻繁にアクセスできるかがカギになってきます。

震災の支援などで、まず子どもと遊んだりして子どもの神経系の状態を柔軟にするのは、子どもの神経系のほうが大人より変化が速いからです。まず子どもが落ち着くことで周りの大人が落ち着き、

家庭や地域が落ち着いていきます。神経の興奮がおさまって、サーモモードでいられる人が増えれば増えるほど、つながりモード（腹側迷走神経）によって落ち着いて助け合えるため、災害などに上手に対応できるコミュニティができあがっていきます。後の心身疾患の予防にもなります。みんなで予防ができるというのは、うれしいことではありませんか？

　災害時のストレスケアについては、いろんなことが言われていますが、予防についてみんなで取り組むことがどれだけ意義があることか、伝え続けていきたいと思います。

　バランスのよい神経系になって、ある程度定着してくると、今度は自分の落ち着きを周りに伝達できるようになってきます。約2.5メートル位までの範囲で、落ち着きは周りの人に伝わるようになります。よい心拍の状態は同期できるんです。人は心拍や呼吸のよりよい状態の誰かといると心地よくなります（Kline & Levine 2008；Porges 2004）。そんな人の周りには人が自然と集まってくるようになります。そんなに努力もしないし、何が優れているわけでもないのに愛されてしまうということが起きます。何より日常が楽になります。

　交感神経をさほど活性化せずに物事に対処できるのでいつも余裕、心が穏やか、焦っていない、ちゃんと待てるようになります。不必要なサバイバルモードでない分、トラブル等が激減します。短絡的に判断して極端な行動を取っているときはこのサーモスタットが利いていない時だと思ってください。サーモスタットがあると調和や協調を体験できるようになりますし、品位をもって行動することの気持ちよさに目覚めます。奪ったり、むさぼったりが不快に感

じるようになるのです。相手のサバイバル反応や凍り付き反応を引き出すことはかえって自分の有機体（身体）のためにならないと実感するからです。

　さらに、このサーモモードにアクセスできる時間が確保されてくると、白黒思考（良い－悪い、好き－嫌いの両極の極端な考え方）が少し減ってきます。グレーゾーン、つまりあいまいな状態にわりかし強くなるのです。そして人間関係でも、信用できないかもしれないけれども一緒にいてみよう、ビジネスなどでは長い目でみたらまぁ、とんとんかな、などの長期的な視点も持てるようになります。

　サーモモードの「今ここ」にいて、落ち着きと活力が一緒にある状態（心拍のよい状態）は、ちょっとした練習で身に着けられることが分かったでしょう。そしてバランスのよい神経系は周りの人に伝達をすることができるのです。

　いったん自己調整を経験し出すと、周りの不調整にも気づくようにもなります。

サーモモードは伝達します

この時期は過敏になってしまったと感じてしまうかもしれませんが、なんら心配はいりません。しばらくすると気にならない、楽だ、というところに到達しますので、安心してください。

グループや集団に向けて試してみよう

　2011，3，11に起きた東北大震災での被災地では、お料理の下ごしらえにたとえて「神経系の下ごしらえをしよう！」ということで、集団に向けてこの神経系のミニレクチャーをしました。やり方はいたって簡単です。好きなようにアレンジを加えて様々な現場で神経のエクササイズをやってみてください！

①自律神経系の説明

　まずは、「お料理でも下ごしらえって大事ですよね。神経も実は同じです」と始めてみます。お山の図を見せながら、ライオンさん、ウサギさん、なかよし・今ここ、パンケーキ、こおりと言ったようにそれぞれの神経の特徴を紹介していきます。

②5つのエクササイズを紹介

　ぼーっ、または、ぶーっ、ぎゅーっ、にぎにぎ、ふーっ、きょろきょろ

③5つのエクササイズを覚えてもらう〜「みんなで一緒ゲーム」

(1)例えば輪になってもらい一斉に5つのうち自分の思い浮かぶものを一つ選んでやってもらいます。
(2)そして周りを見回してもらい、一番多くの人がやっていたものを次の回にやります。
(3)さいごに5つのうちの一つをみんなが一緒にやる状態になるまで続けます。

（5つのエクササイズを覚えるだけでなく、周りの人を見たり、みんなで輪になって協力して一つのものを作っていくことで、よりつながりの神経も引き出されます。そして共感ややすらぎのホルモンと呼ばれているオキシトシンがより分泌され、心地よくなります。）（Kunchinskas 2009）

④はるちゃんのおにぎり

子どもがいる現場でもいない現場でも、はるちゃんのおにぎりを読んでみてもいいかもしれません。読み方ひとつで効果がぐんと上がります。集団のまとまりが良くなっている時は神経系がサーモモードになっている人の数が増えている時です。読み方をここで説明します。

はるちゃんのおにぎり解説
〜他人の批判が気にならなくなる?!

はるちゃんのおにぎりの中には5つのエクササイズのほかに、神経に優しい様々な秘密が隠されています。

このおはなしを作ったきっかけは、発語に問題があった甥が療育センターでの矯正のトレーニングを受けるようになったからです。

5歳の子がこの経験を自己調整の神経系で楽しく乗り越えて成長していけるようにと願いを込めて作りました。その後、被災地でも、セラピーの場でも、学級崩壊予防にもいろいろな場で使われるようになりました。

まず、お話を振り返ってみましょう。

・おりがみかな、カードかな、それとも〇〇かな、
（最後の〇〇のところに思いつくものを入れてみましょう。）
自分の好きなものを思い浮かべたり、大好きな人の喜ぶものを思い浮かべることは神経系にと

ってたたかう、逃げるモードでなく活力を味わうことになります。緊張や警戒などとは違うワクワク、心地よいうきうき感を感じてみましょう。

・5つのエクササイズの一つ「にぎにぎ」は、ぐーぱーと手を握って開いても、実際におにぎりを握る動作をやってもよいです。握る（小さい筋肉の緊張）－放す（小さい筋肉の弛緩）で、小さい活性化―脱活性化のパターンを神経系に覚えてもらいましょう。

・はるちゃんが風を切って走っていくところは実際にヒョウやチー

ターになって走っているのをイメージしてもらいます。動物のように速く走るという交感神経の心地よい興奮を感じてみましょう。

- はるちゃんが転んでしまったとき、やまださんが来てくれます。「泣いたらだめ」と言うのはエネルギーの解放を阻害してしまいます。転倒やおにぎりがつぶれちゃったショックを涙を流すことで解放し、神経に閉じ込められた過剰なエネルギーを発散しているのです。「泣かないように我慢」、「泣かなくってえらかったね」ではなく「泣いてもいいんだよ〜」が神経系にとって正解なのです。

- やまださんの存在は後に詳しく説明しますが、協働調整（co-regulation）ということになります。はるちゃんの神経系がやまださんの存在によって落ち着きを取り戻して興奮やショックから抜け出します。そしてお礼を言って感謝を伝える、これはつながり神経（腹側迷走神経）が引き出された証拠です。そしてまたおにぎりに挑戦する、というのは柔軟な神経系がやることです。失敗という概念がないのが柔軟性（レジリエンス）なのです。

- 2回目は少しいい興奮を感じてもらいたいので、少しペースを速く読みます。

・いよいよはるちゃんが、おばあちゃん家に着きます。大成功、やった！ できた！ というのは凍りつきの「できない、動けない」の反対です。われわれの神経系は子どもも大人もこの勝利や誇りの感覚が大好きなのです（Levie 1997；Kline & Levine 2008）。

・おばあちゃんのことば「すごいね、はるちゃん、よくできたね。・・・しっぱいしてもいいんだよ」
　この失敗してもいいんだよ、も前述のとおり柔軟な神経系のことばであり、レジリエンスです。

　はるちゃんのおにぎりを読んでワークショップを終えますが、ほんの短いワークショップなので、保育士さん、学校の先生などの職業の方々には各自が持ち帰って、なにかのついでに現場でやってもらうのがもう一つの目的です。「簡単に、楽しく、誰でもできる」、こうやって後の心身の不調の予防にも貢献できたらと思います。
福島ではボディワーカーさんの仲間に入れてもらい、神経系の下ごしらえができたあと体を整える施術を受けてもらうというプログラムを実施しました。他の分野の専門家さんたちとも一緒にやりやすいのも利点です。

コミュニティ・集団でのメリットは、つながりモード（腹側迷走神経）で一緒に会食などをすれば、パンケーキの休息・消化モード（背側迷走神経）の時間にもなり土台がさらに定着します。個人セッションやセラピー以外で、いかに神経系に効率よく働きかけるか、を私は自分の活動のなかでも大事にし始めました。被災地だけでなく、近隣の教会の研修会「自律神経セルフメンテナンス」を催したり、海を越えてカリフォルニア州 Walnut creek 教会でもご縁を頂き、「効果的な支援を学びませんか？」や「資源ごみの日を利用してありのままの自分をゲットしよう」というタイトルで２回講演をしました。後者は、資源ごみを出すときの折ったり、切ったり、破いたり、潰したりという動作によって興奮した神経系からエネルギーを解放し、沈静化させようというもので、何気ない日常のなかで自分の神経に優しくできるということをお話しました。

　大人が神経系の知識や情報、ツールがあるだけで、安心して子どもと接することができます。そうやってコミュニティにこの神経系のノウハウが浸透していけば、自己調整をみんなで育んでいけます。自分の自己調整が進めば周りも落ち着かせることができるということを知って、調整力についての情報が共有されている社会（regulation informed society）を作っていきたいです。

3章 サーモモードをつくり、レジリエンスのある生活へ

　神経系が自己調整のなだらかなリズムになると、そこに感情も言動も連動し、安らぎと活力が同時にある生活が送れるようになります。そして神経系は、許容の範囲を拡げるようになります。日常は余裕があり、ストレスがかかったときには、回復が速く、困難が成長につながります。自己信頼がどんどん高まり、自信がついていくときあなたの神経はキャパシティが拡がっているのです。

こうやって神経系は変化する

　ここでは神経系の変化についてお話します。
　１章で述べた「自己調整」（図③）とは神経系がなだらかなリズムで働いている状態を言います。緊張や興奮してリラックスする、上がったら下がるを繰り返します。この生理機能のリズムに感情も言動も連動するわけです。そして上がったり下がったりしても、自分の許容範囲のなかにとどまって日常を過ごせるのが自己調整のある生活です。
　神経系は、急激な変化や刺激を嫌います。つまり負荷をかけ過ぎると、ダイエットのリバウンドと同じことがおきて、余計不調整になります。急激な変化は永続せずかつ危険なため、サーモスタット

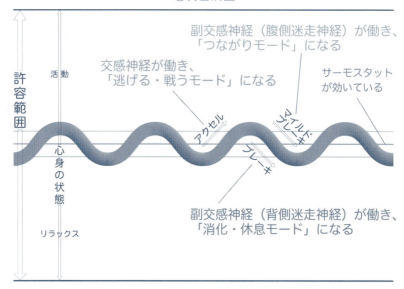

③ 自己調整

をまずは作るということをセッションではやっていくのです。サーモスタットをじんわり、じんわり作っていく作業は結構退屈に感じるかもしれません。しかし、いったんサーモスタットができると安定感が出てきます。

それでも変化はゆっくりです。すごく調子がいい状態にはすぐにはなりませんが、さほど調子が悪くならなくなるという経験をする機会が増えてきます。そして気がつくと問題や症状に振り回されている時間が減っていることを発見し出します。「自己調整」というと言葉が難しいですが、簡単に言うとちょっとミスしたとき、不都合な時にでも自分に甘く、優しくできるということです。自分をうまく懐柔することができている状態です。

つぎに、この許容の範囲のなかで、ゆるやかに上がったり下がったりが繰り返されていると（ゆるやかな神経系の時間が日常のなかである程度確保されると）、面白いことに人間は少しチャレンジをするようになります。新しいことに挑戦したくなったり、変化を求めたりするようになります。許容範囲を少し広げたくなるのです。いわば器を大きくしたくなるのです。それが次の図④のレジリエンス（柔軟性と回復力）の段階です。

ある程度、許容量が増して神経系がゆるやかなカーブを描いているので普段は余裕があります。そしてストレスがかかってもすぐ回復し、成長の糧になるのです。今まで耐えられなかったことを何気なく超えていた、とか、気にならなくなっていた、という経験をしていきます。自分かっこいい！というときです。自信がつくのです。それと同時につながりモードの神経（腹側迷走神経）は、「今ここ」にいられて、過去の暗いレンズでものを見ないことを可能にしてく

④レジリエンス

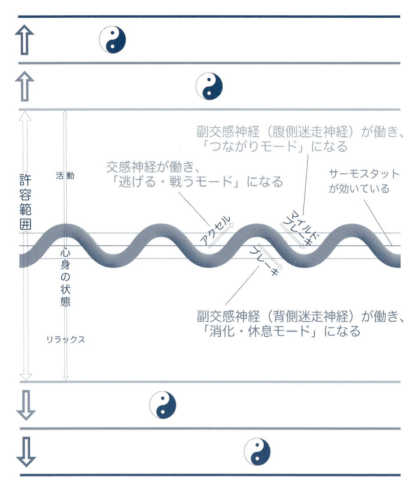

＊ほどよい緊張・覚醒とリラックスを繰り返すと
　許容範囲も広がります

れます。過去を後悔するわけでも、未来を過度に心配するわけでもない「今ここ、ありのまま」の状態。その時間がある程度確保されると、安心・安全の査定がさらに正確さを帯びてきます。実は周りにいる人々の中で誰が自分を応援してくれていて、誰が自分にとって悪影響を与えているかに気づきます。周りの人のサポートに感謝しながら、害になる人や好ましくない状況からは上手に離れてうまく渡っていけるという大人の対応ができるわけです。

　また過去の大変だった体験が変容するのもこの段階です。陰陽のシンボルで示されているように記憶が変容して新たな意味づけが生まれたり、今まで使えなかった生命の活力が回復したりするので、自分の内側から癒されるという経験をします。自分が問題だと思って嫌っていた部分に愛が溢れていたことに気づく経験は格別です。また落ち着いているけどダイナミック、繊細だけど躍動感がある、知性と無邪気さを一緒に使える、論理と感受性など相反する要素が共存できるようになります。どれだけこの許容の範囲が広くなるのでしょうか。自分を自由に解放していけばいくほど、自分にやさしくすればするほど拡げられると思ってください。つまりレジリエンスとは人生で大変なとき、ピンチなときにも自分に甘く優しくできるということなのです。

　次に示す①と②の図は不調整な神経系を表しています。横に２本引かれている線からはみ出している部分はいずれも「こおり」の部分で、虚脱したり、凍りついたり、シャットダウンする状態になります。交感神経が働き過ぎたり、副交感神経が働き過ぎたりしたとき、要はある一定の限度を超えると神経は極度の温存状態に入ってくれるのです。

図①はベッドから起き上がる気力・体力がない、動く元気が全くない状態です。筋肉が虚脱して力を入れるエネルギーさえないというときありませんか？人と話す元気がなく、顔を合わせるのもおっくうという状態です。このはみ出た部分というのは、上の方が硬く冷たく固まっている不動状態で、下はゆですぎた麺類のように脱力しすぎた状態です。両方もしくはどちらかで枯渇した極度の温存状態になります。

　少しだけ活力が戻ってくると次は「にげる、たたかう」の高い交感神経の緊張や警戒状態✋😠と「凍りつき」の背側迷走神経🐢が強く働いて逆にエネルギーがない状態を繰り返す、過覚醒と虚脱の大きなスウィングになります。大きな振れ幅は自己調整がない証拠です。自分で調整できないため、外側に調整してくれるものを求めている状態です。不足感にさいなまれ自分の外側に答えや承認を求めるので支配と依存の関係性にもはまりやすくなります。炭酸水を振った状態でふたを勢いよくあけると一気に中身が噴出するのを想像してみてください。サーモスタットがないのでキレやすくなったり、気分が変わりやすくなります。

　この大きなスウィング状態から2章で紹介したエクササイズなどをやり、サーモスタット機能をつくり、神経系の土台ができてくると図③のようになだらかな曲線の神経系になります。そしてある程度この安定した状態が定着してくると、図④のように、許容範囲が少しずつ幅を伸ばしていきます。苦しみが変容して癒されたり、「自分は素晴らしい」という自己肯定感も生まれるレジリエンスの段階です。レジリエンスとはストレスが成長に変わるということで、図①と②では振り切れた部分がもう許容範囲になるので、日常の中で困難を乗り越えていく自分の姿勢そのものに癒されるということが

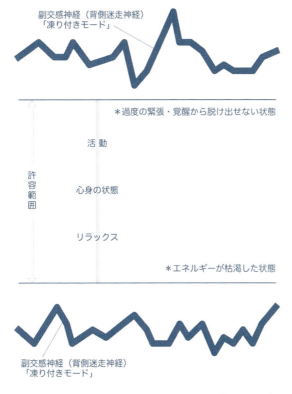

【調整不全】

起こるのです。

　しかしレジリエンスがあるというのは、なんでもストレスに耐えられるとか我慢強くなるとか、そういうことではありません。むしろその逆で、自分にとてつもなく優しくて寛大になるということです。他人のために自分を我慢させない状態です。自分のために時間、労力、お金、感情を使うことを許可しており、自分を甘やかすキャ

②過緊張と過覚醒とを繰り返している

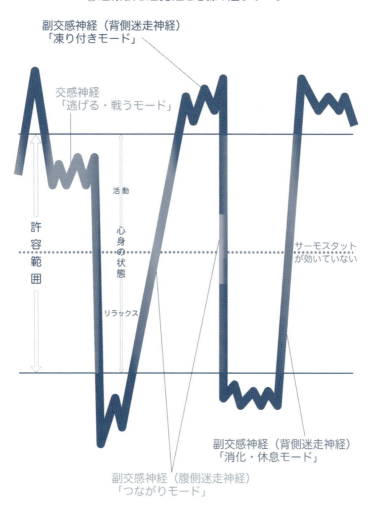

【調整不全】

① うつ状態(神経が許容範囲から振り切れている)

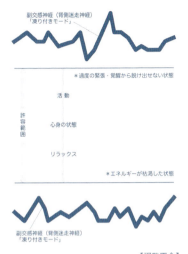

【調整不全】

② 過緊張・過覚醒と虚脱を繰り返している

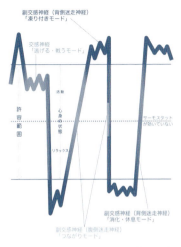

【調整不全】

ンペーンができています。不調整の状態からサーモスタットを作りながら脱し、自己調整とレジリエンスを目指すと、過去の苦しい体験こそが自分への尊厳に変わり、そして自己信頼へと変容してくれます。

まとめ　レジリエンスのある生活とは

- 他者に期待するのではなく、ストレスを乗り越えていく自分に期待する、自己信頼が高くなる
- 少しだけチャレンジをしていく、そのチャレンジがさらなる成長につながる
- 日々の生活が修復体験になる。この前よりもっと上手に逆境を乗り越えられた！など

- レジリエンスレンズでものを見るので、気づきが「癒し」になる。
- 瞬間に集中するのが上手になる。「今ここ」度が UP する。
- 周りと調和しながらも自分らしくいられる、自己犠牲が減る。
- 二元論でなくなる、黒か白か、良いか悪いかではなくグレーゾーンが豊かになる。

　気づき＝癒しになる、瞬間を生きることができるようになると、自分で自分を満足させるので、外のものに頼るということが少なくなっていきます。承認を外側に求めなくてもよくなります。副題にあるように、なぜ他人の批判が気にならなくなるか？それは自分にベクトルが向くようになるので、他人の批判にベクトルが向かなくなり、どんなに批判をされようが、何を言われようがだんだん気にならなくなってくるのです。唯一無二の自分を意識できると、面白いことに世の中に「交換」よりもより拡散・相乗効果の高い「循環」という形での貢献ができるようになります。役に立ちたい、助けたいという他者への思いの強い「交換」よりも純粋に活力・労力を流せて楽しさが先行するので、より平和と平安が広がっていきます。

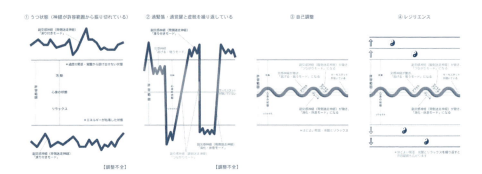

4章 神経系の発達

　神経系の調整のパターン、許容量は主たる養育者との関係（愛着）に大きく影響を受けます。神経系がどのように発達するのか、愛着のタイプ別に異なる調整のパターンを見ていきましょう。
　自分の調整の仕方を把握することで、愛着の修復も可能になるのです。

サーモモードつかめましたか

　ここまででサーモモードの感じがつかめた方もいるかもしれません。もしかしたら全然ピンと来ない方もいるかもしれません。

　サーモスタットを身につけた生活とは具体的にはどういうことなのでしょう。ピックアップしてみました。サーモスタットができたかどうかチェックしてみましょう。

- 疲れる前に休める、休むことが上手になる
- 疲れが虚脱状態までいかなくなる、活力がもう少しある状態になってくる
- 一人でいる時も大勢で過ごす時も楽しめる。
- 「今ここ」にいられる時間が出てくる
- 心配が少なくなる。

神経系のセルフケアについて

神経系の負荷を減らすセルフケア
- 神経を興奮させ覚醒させるカフェインを取らない日をつくる
- 電磁波を控え目にする
    ：寝る前1時間はテレビを消す
    ：PC、スマホを控える、電磁波を避ける日をつくる（PCやスマホを見ることはその時は神経系が落ち着くのですが、実は興奮させています。だからしょっちゅうスマホをチェックするようになるのです。1時間机の抽斗にしまっておくだけで

も効果があります。）
　：キャンドルを灯す
●腎臓に触れるなどして興奮を落ち着かせる時間を取る
●仕事の利害関係のあるつながりから離れる機会を設ける、つまりは、プライベートな社会的つながりの時間を犠牲にしない

　自己調整は伝達するので、自己支援が他者支援になります。自分の心地よさで他者に貢献するという方法は素敵だと思いませんか？

　ある程度サーモモードに日常でアクセスできるようになったら、調整のパターンを意識してみることをお勧めします。調整のパターンに気づき、上手にバランスを取り入れていくことで神経とのつきあい方がさらに優しくなっていきます。

神経系の発達（Neurosequencial development）とは？

　まずは神経がどのように発達して調整のパターンを身につけていくかみていきましょう。

　自律神経系のマイルドブレーキであるつながり神経（腹側迷走神経）は、ゆるやかに心拍をさげてくれる神経です。この神経は産まれる前の周産期頃から 25 歳ぐらいまで発達が続きます。

　私たちは、もとはいわばアクセルと急ブレーキをフルに使える状態で生まれてきます（自動調整 Auto-regulation）。自動調整（Auto-regulation）とは、交感神経😺✋と背側迷走神経🐢💤です。交感神経が働くと、一人でリラックスの神経である背側を使って落ち着きます。胎内で胎児が指しゃぶりをしているときなどは背側の

休息モードを使っていますし、赤ちゃんが泣いても誰も来ないときは、凍りつきやシャットダウン（背側）で泣き止んだりします。

　自動調整（Auto-regulation）しかもっていない赤ちゃんが泣いたりぐずったりすると、大人（他者）はあやしたりなだめたりして落ち着かせます。それが協働調整（Co-regulation）です。この繰り返しで子どものマイルドなブレーキである腹側迷走神経が刺激されて発達していくのです。協働調整とは、つまり他者の神経によって自分の興奮がおさまるということです。子どもは主に自分の腹側迷走神経が十分に発達するまでは、主に養育者に調整の役割を頼っています。自分の神経の興奮が他者によって落ち着くという経験を繰り返し、だんだんと自分のマイルドブレーキができてきます。神経系の４つのバリエーション、「つながる」、「やすむ・たべる」、「たたかう・にげる」、「こおりつく」のすべてが使えるようになります。これが自己調整です（Self-regulation）。

　つながり神経を発達させるには、他者によって、自分の交感神経の興奮が落ち着く経験を積み重ねればいいのです。そうすると、こ

れまで述べてきた自己調整（Self-regulation）、上がったものは下がる、興奮しても耐性領域にいられて比較的すぐに穏やかに戻れるのです。

自動調整→協働調整→自己調整

そして、大人になってからでも十分、こつこつと自動調整から協働調整、そして自己調整を発達のとおりに積み重ねていく経験することで、よりよい調整パターンを獲得できるのです（Pillips & Kain 2016）。

養育者とのかかわりがストレス対処のパターンに

親や養育者が子どもの許容量に配慮し調整した刺激は新生児の脳の形成に良好に影響し、未来の社会的スキルや感情的な対処能力になります。つまり養育者とのかかわりによって刻まれたパターンがストレスを受けたときの対処パターンになるのです（Shore 2003）。自己調整（Self-regulation）とは協働調整（Co-regulation、他には外側からの調整という意味でInteractive regulation、External regulationという）と自動調整（Auto-regulation、内側からの調整 Internal regulation）の両方が使えることです。養育者とのつながり方が後の自分をなだめる方法の鋳型になるわけです。

自己調整＝内側からの調整＋外側からの調整

養育者との関係によってできた神経系のパターンとは、生き残り

をかけた「神経系の調整の戦略」であり、主に内側を使うか、外側を使うか、それとも両方がバランスよく状況に対応して適切に使えるかが自己調整の完成度を物語っています（Ogden et al., 2006）。

　今になって振り返るとわたし自身の神経系のストレスへの対処パターンも健全なものではなかったと思います。いつも疲れていたし、緊張高く過ごしていた時期がいままでの人生の大部分を占めていました。内・外の調整があまりうまくいっていなかったんだ、と思うわけです。次にバランスのとり方や介入の方法についてお話していきます。

バランスのとり方、介入の方法

　親密な他者とのつながりのパターンを説明している「内的作業モデル」では、内側・外側の調整の在り方を安定型、回避型、不安型、無秩序型の４つに分類しています。ここからはパターン別に神経の成り立ちをみていきます（Fisher 2017 ; Phillips & Kain 2016 ; Porges 2004, 2011, 2017; Kunchinskas 2009）。

・**安定型**

　自動調整〈内側、ひとりでの調整〉も、協働（他己）調整〈外側

のものでの調整〉も両方使えるパターンです。自分ひとりでも他者とのつながりでも安心・安全を感じることができます。たとえストレスにさらされてバランスが崩れることがあっても、あまり引きずらずに元の状態にすんなり戻ることができるのが特徴です。

【親や養育者の接し方】子どもが泣いたり、むずかると、なだめて落ち着かせてあげることで子どもが快適になるということがパターン化できています。そしてお互いが気持ちよくなるという経験が共有されています。子どもの神経系が不調整になる→なだめられて落ち着く→心地よさを感じる（＝子どもにとっては、自分っていいものだ）というサイクルがちゃんとあるということです。

【子ども】親や養育者のある程度パターン化された調整のサイクルが確立していると、子どもは気分がイライラするなどの不調整なときは、誰かによってなだめられることが分かっているので、協働調整を求めます。そして、いったん神経系が落ち着くと安心します。むずかっても比較的簡単になだめられるのがこのパターンの子どもです。

【大人になると】協働調整によって神経が落ち着き、自分の内側で穏やかさを感じた子どもが大人になると、葛藤や落胆を感じても避けたり、怒ったりすることなしに他者の助け（協働調整）を求められます。そしてサポートがないときは、自動調整を使い自分をなだめます。自動調整も協働調整も両方使え、自分でも他者とでも安心・安全を感じることができます。ストレスにさらされてバランスを崩しても早くもとに戻り引きずりません。

【セラピーの場面では】人生の過渡期や重大なことが起こった時に助けを求めてセラピーにきます。自分の内側と外側の資源を豊かに利用できるので、カウンセリングがないときでもセラピストの存在を覚えておくことができ、自己調整に使えます。「そういえば、セラピストがこう言っていたな」、とか、あの呼吸法をやってみようとか、自分のために関係性のなかで得た資源を使えます。

• 回避型

ストレスを感じたときにどちらかというと「逃げる―たたかう」の「逃げる」を使い、ひきこもったり孤独になることで自分を守ろうとするパターンを持っています。負荷がかかり過ぎると外部の刺激をシャットアウトして孤立します。調整には主に、内側にある自動調整を使います。

【親や養育者の接し方】どちらかというと子どもに無関心だったり、無視するような接し方、親密さを過小評価した態度が見受けられる場合が多いです。「泣いている子どもを抱っこすると自立した子どもにならない、抱き癖がつく」というのはむしろ神経系の観点から見ると協働調整のチャンスを与えず、自己調整力を育んでいないことになってしまうのです。

【子ども】子どもはストレスを感じたときも協働調整によってなだめられることを拒否するようになります。あてにならない、得られないケアを頼らずに本やおもちゃなどの人間以外のものを好んだりもします。世話をする大人を避けて一人で遊ぼうとします。

【大人になると】ストレスを感じたときに孤独や遮断が調整の戦略になります。あまり感情を感じないように遮断し、思考で解決しようとします。安定型の使う自己調整とのちがいは、負荷をまったくないものとして遮断するようにして調整を取るところです。ですから感情があまり表出せず、共感力の乏しさが見受けられます。

【セラピーの場面では】このパターンを持つ人々は、つながりを求めても得られないという経験から、つながりを恐れます。いきなり、つながりのモードの腹側神経を引き出そうとしても、負担になって退くか恐れて回避されます。つながりの腹側の神経が刺激される協働調整の経験が乏しい場合、セラピストはまずは、距離を大事にしていることを伝えたり、態度で示します。「椅子が近すぎたりしていませんか？」など聞いていきます。もともと馴染みのあるパンケーキの休息・消化モードで安心・安全を感じてもらいます。（図）

　例えば静かな森や山など人がいないところをイメージしてもいいです。そして自分で腎臓に触れてもらい、前述したサーモモードにアクセスすることを一緒にやっていきます。それと同時に家で毎日

5つのエクササイズをやってもらい、まずは人とのつながりなしに、つながりモードの腹側の神経を刺激してもらいます。

　ある程度自分のいつもの内側の調整モード（自動調整、パンケーキの休息・消化モード）が脅かされないという安心の様子がセラピーのなかで見られたら、感情でなく思考を使えるということが強みであることを伝え、2章からここまでの神経系の情報を理屈で理解してもらいます。神経系の理解を深めながら、つながりを強調するよりも健康によいから、つながりモードの腹側の神経に働きかけるのは有意義であるというゴールを共有してみます。自動調整の背側よりも、つながりの腹側のほうが実は心拍がマイルドに下げられるので、心地よいということも伝えます。

　つぎの段階は、自分以外の外側のもので神経が落ち着くという経験をしていくことが目的です。少しつながりの腹側の神経よりに移動してみることを試みます。強度を調整しながら、だんだん人間のぬくもりのあるものへとゆっくり慣らしていきます。ペットを想像してみる、好きな漫画・小説の主人公や歴史上の登場人物などをイメージする、面白いぬいぐるみを見る、触れる、といったようにステップを踏んでいきます。この強度の調整こそがパターンを修復していることになります。本当にスモールステップで少しずつやさしく、つながりの腹側神経のほうにシフトを試みていきます。（図）

・**不安型**

　ストレスを感じたときに自分の感情や感覚の興奮をおさめるために、自分以外の外側のもので調整を試みます。他己調整（外側の調整：External regulation）を主に用いるパターンです。

【**親や養育者の接し方**】あやしすぎたり、揺さぶり過ぎたりなど刺激が多すぎて子どもの神経が落ち着かない、養育者が満足するために子どもの反応を期待し過ぎたり、大人のニーズが先行しているなどの自己愛性養育などが見受けられます。また、ある時はユーモアがあって集中しており注意深く、ある時は手詰まりでイライラしているような予測不能な接し方などの傾向があります。その結果、子どもの神経が落ち着ききりません。または一定して調整を提供できず、子どもが安心するということがあるときは起きても、毎回は起こらないことがよくあります。子どもにとって神経系が落ち着いて心地よさを感じ「自分っていいな」という感覚がもたらされないのが特徴です。

【**子ども**】子どもは協働調整を求めはしますが、神経がおさまりきらず、なだめられることが難しくなります。ケアを受けてもひとりで調整できる能力の内側の自動調整（背側）が発展していかず、根

付きません。子どもは誰にでも愛想がよくついていってしまったり、しがみついて離れないこともあります。

【大人になると】ストレスを感じたとき、自分の感情や感覚の興奮をおさめるために自分以外の外側のもの、とくに他者やアルコールや薬物など作用の強いもので神経を落ち着かせることを試みようとします。しかし自己調整ではなく、他己（相互）調整（External regulation、Interactive regulation）を主に用いるので、自分以外のもの、特に他者の場合はその人のコンディションに左右されやすくなり、見捨てられることを恐れます。たとえ外側のケアでいったんは落ち着いても、完全には安心を感じることがあまりありません。常に何となくざわざわして、安心するための何かを探しているような状態です。

【セラピーの場面では】このパターンを持つクライアントはたたかう・にげるの交感神経が頻繁に興奮している状態にあり、心配や不安が高いのが特徴です（図）。

　ですから、まずはその興奮状態を和らげていくことを目標にしながら、土台の神経系を同時に作っていきます。
　そうすると実は内側の感覚で自分を安心させることができる、ということを発見しはじめます。クライアントと内側の状態が充実していること、すなわち自動調整が使えることを何度も確認していくことが必要になります。何か不安になったり、孤独を感じたりした

ら、おでこ（眼窩前頭皮質、松果体、三叉神経の末端があります）に触れてもらいます。

絵のように触れることで、血流や酸素がその部位に戻ってくると、交感神経の活性化を抑制してくれる役目を果たし、不安や心配などの感情が溢れてくるのを和らげてくれ

ます。本人が自分で腎臓に触れてアドレナリンを少しずつ下げるのを習慣にしてもらうのもよいです。孤独や寂しさの感覚を怖れなくても大丈夫ということも一緒にマスターしていきます。どのくらいそれら不快な感覚に強張ってしまっているかを把握していくことが第一歩です。そしてそんなに強張らなくても少しだけ弛緩することで、やり過ごせるということを実感してもらいます。宿題として、不安や心配などの交感神経の高まりを感じたら、5つのエクササイズ、眼窩前頭皮質や腎臓に触れる、呼吸法、リラクゼーションなんでもいいので、自分の内側からくる穏やかさを感じてみることを実践してもらいます。

・**無秩序型**

内側にも外側にも両方に調整がない状態です。つながることも見捨てられることも恐れている状態の中で、親密さを心底欲し求めます。つながりを求めたとたん、強烈なたたかう、にげる、凍りつくのサバイバル反応が出てくるという葛藤を抱えています。たとえ安全な日常生活の場でも、少しの刺激で許容範囲を超えて不調になります。いわば調整機能が乏しいので常にサバイバルモードでいることになります。

【親や養育者の接し方】自身の未解決のトラウマ、喪失、愛着の問題など神経系に不調整を抱え難しさを感じて苦しんでいるケースが多いです。養育者自身の愛着のシステムが刺激されることがあると、恐怖におびえる、または、同時に子どもを恐怖にさらす行動をとってしまうときもあります。

【子ども】にげるもたたかうも激しい強度で使い、突然凍りついたりします。交感神経が強く興奮し過ぎているかと思うと急ブレーキの背側を使ってそれを抑え込みます。高い心拍数と低い血圧、驚愕反応、アドレナリンで興奮しすぎコルチゾールに切り替わる、など神経系の不調整の症状が見受けられます。この調整力の乏しい生理機能のまま、たとえ誰かとつながろうとしても強い不快感があったり、恐怖にさいなまれたりして逃げてしまうなどの接近と回避の矛盾した言動が見られます。

【大人になると】過度の覚醒と虚脱を繰り返します。怒りの爆発、親密さにまつわる内面の葛藤、理想化とこき下ろし、安定して世話をしてくれる人とのつながりの感覚記憶が存在していないため、親

密さを求めつつ恐怖で回避します。前述の回避型、不安型に比べると行動のパターンが予測がつかないのが特徴です。

【セラピーでは】とにかく土台のサーモモードを作ることを丁寧に実践していきます。下地のグラデーション（パンケーキの背側とつながりの腹側）を充実させるのです。症状に苦しむ人には土台のなかでもまずはパンケーキのほうの背側の時間を充実させることで、神経系のみならず免疫、内分泌系を休ませて生理機能から負荷を降ろしていきましょう（図）。

不安型と同じくおでこに触れてそこに血流が戻ってくるのを待ってみます。興奮への抑制機能が働いて、怒りや不安などの強い感情が溢れてくるのを和らげてくれることもあります。腎臓に触れてアドレナリンを少しずつ下げていきましょう。ペットボトルをつぶす、パッキンをぷちぷちするなどして、神経に閉じ込められた高い興奮を感情を伴わずに感覚のレベルで解放していきます。話せば話すほど交感神経の興奮がエスカレートして他者や自己に破壊性が向いて

しまうので、一文話したら休むルールを作って、感情が増幅して制御不能にならないという経験を重ねていきます。

　前記の神経系のパターンは、どれも生き延びてくるために必要だった大事な歴史です。子どもは小さければ小さいほど、その生存は世話をしてくれる人にかかっているわけです。自分の生き延びてきた歴史がいつしか自分と他者との関係性の困難さや葛藤を繰り返すパターンを作ってしまうのは、当たり前なわけです。自分が自分に優しい言葉をかけて大事にしてあげることをまずはセラピストがガイドします。しかしセラピストが優しく癒しを提供するわけではありません。セラピストが示すお手本やモデルをクライアントに実践してもらうだけなのです。もし、他者から癒しが与えられるものだと錯覚してしまうと、依存が始まってしまいます。依存は、空虚感や恐怖を余計深め、苦しみを増大させます。自分の中に健全な愛着を内側と外側のバランスをもとにつくっていくのです。要は自律神経系の土台をつくりながら柔軟にし、内外の調節をバランスよくして自立をしていくことこそが愛着の修復のプロセスなのです。

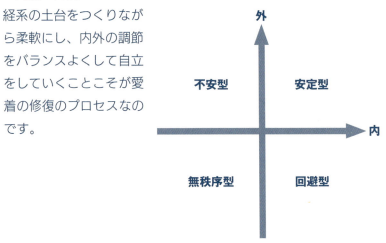

5章 気づきが癒し

　サーモモードにアクセスして下地を作りながら内側・外側を意識し徐々に変化させていくことで、神経の興奮のスピードをゆるめることができます。そうすると、自分の知らなかったいろいろな部分に出会える神経になってきます。土台の神経が充実してくると、思いやり、つながり、落ち着き、創造性、好奇心、明晰さ、自信、勇気、という人間の普遍の部分が強化され（Schwartz 2001）、そこから自分の様々な部分に癒しが届くようになります。

子どもの頃は自分ひとりで生きていくのが難しいので、ケアをしてくれる人に頼らなくてはなりません。言われたことは聞かなくてはならないし、自分がなにひとつコントロールできない状況に置かれることもあります。また、ケアをしてくれるはずの人が自分を危険にさらす人と同一人物の場合もあります。小さいころの協働調整（Co-regulation）の経験の乏しさは内側と外側の調整の偏り、もしくは、内側や外側の調整をうまく使えないということを招くかもしれません。

　しかし、なんら落胆することも心配することもありません。5つのエクササイズや腎臓に触れ、タイプ別にできることをし、内と外の調整力を獲得していくなかでの気づきこそが癒しなのですから。自分のなかで自己調整ができるようになると、自分にも他者にも優しくなります。そして、物事の流れに乗って柔軟になれるので、無理やりに物事を遂行しようと交感神経のアドレナリンで焦ってがむしゃらにやらなくてもよくなります。ごり押しや不安から動いてしまうことが減り、エネルギーが効率よく楽に使えてくるのです。そうすると必要なときに予想以上の力が出せたりするので、さらに自分への信頼が高まります。　調整の方法が内側も外側も状況に応じてバランスよく使えるようになると、ストレスは誰かが起こしてくる不都合なものという考え方から、自分に優しくする絶好の機会になります。

　また、情報過多な現代社会においては、外側の情報に翻弄され過ぎて、自分を見失ったり、承認を求めるがあまり報われなさを味わうこともあります。神経系がある程度、自己調整の時間がキープできると、自分らしさに気づいて喜べる機会が増えてきます。つながり、絆、ネットワークという名のものとにどれだけわれわれは自分

の時間を犠牲にしているか、一度考えてみるのもいいかもしれません。つながりは腹側迷走神経によって自分の心拍が落ち着くために必要ぐらいに考えておくと、逆に関係性がうまくいくので不思議です。

神経系の土台がないとどうなるか

　繰り返しになりますが、神経系の下地の部分は大事なのです。コツコツと腎臓を落ち着かせ、5つのエクササイズをやりましょう。逆に神経系の下地がないと神経はどうなるか、傾向として3つが考えらます。どれか一つだけを持っているというわけではありません。時と場合とでわれわれはどれにもなります。

・**高止まり**
　逃げる・たたかう（交感神経）が過剰に興奮したままなかなかおさまらないパターンです。
　心拍や呼吸が速くなり、緊張、（慢性疼痛などの）痛みがある場合もあります。
　過覚醒や不眠、不安やパニック発作の傾向も見られます。躁状態で落ち着かなくなったり、激しい怒りを抱えたり、過度の警戒をしたりもします。思考が止まらず、いつも心配にさいなまれたりもします。

　外側の調整を主に使う不安型によく見られます。

・切り替わり

　高い興奮から瞬時に高い凍りつきやシャットダウンに切り替わります。

　身体のエネルギーは低くなり、極度の疲労を感じ、ゆですぎたパスタのように筋緊張が低くなります。消化不良、心拍と血圧の低さ、免疫機能も低下したりします。

　精神活動は鈍くなるので、うつ状態になることもあります。また解離をしたり、無反応・無気力になって、他人とかかわるのが難しくなります。

　内側の調整を主に使う回避型によく見られます。

・ロックアップ

　逃げる・たたかう（交感神経）が過剰に興奮したまま、高い凍りつきやシャットダウンで蓋をするように抑え込みます。アクセルとブレーキを一緒に踏んだ状態になります。冷凍パスタのように体が硬くこわばって動かなくなるときもあります。または、筋肉に力が入らない一方で身体の一部分がなぜかこわばったりするもろさと硬さが混在します。うつ状態（こおりの背側の神経）なのに不安（逃げるの交感神経）にさいなまれたり、下痢と便秘を交互に繰り返すといったような相反する症状が現れたりします。他にもアクセルの神経をブレーキの神経が封じ込める状態になると、片頭痛、過敏性腸症候群、慢性疲労、慢性疼痛、線維筋痛症、自己免疫疾患などの症状を持つこともあります（Levine 1997）。そして、それら心身症

状の改善の為には、必ず認知や思考だけでなく、それを形成している神経のあり方を見ていくことが重要なのです。

全てのパターンにみられますが、とくに無秩序型もしくは混合型(回避と不安型の両方とも)によくあります。

癒しは自分のなかから

前述のようにサーモモードにアクセスして下地を作りながら内側・外側を意識し徐々に変化させていくことで、神経の興奮のスピードをゆるめることができます。そうすると自分の知らなかったいろいろな部分に出会える神経になってきます。下地があるので、今までこれが自分だと思っていたよりもさらに大きな全体性に気づくことができます。それは自分の中の自己調整してくれるやさしい部分との出会いです。自分のなかの怒ったり、批判的だったり、怯えていたり、心配していたり、助けを求めてうろたえていたり、明け渡していたり、恥を感じていたりしかできない部分に自分の冷静で賢い部分からやさしい協働調整のケアが届くのです（Schowartz 2001；Fisher 2007）。

下地の準備ができるといろいろな感情に出会える
（30 頁参照　Fisher, Schowartz, Porges の理論をもとに創作）

私は結構おっちょこちょいで失敗ばかりします。何一つうまくいかないな、と思ってしまうときも多々あります。例えば傘をどこかに置いてきたときでも（よくやるのですが・・・）、自分のことを責めている部分に「大丈夫だよ。またいいのを買おうね。どんな可愛いのがあるか楽しみだよね」と慰めてあげられるかもしれません。

　次のような言葉が自分の中から出てきたらかなり自己受容が進んでいる証拠です。要は癒しとはどれだけ自分に甘く優しくできるかなのです。自分の中でカンガルーの親子が一緒にいて親カンガルーが子どもをすぐにいたわり、なぐさめてくれるイメージです（Fisher　2017）。

　大丈夫だよ。
　もう安心していいよ。
　お休みしていていいんだよ。
　きっとうまくいくよ。
　人のためにならなくてもいいんだよ。
　別にやらなくたっていいんだよ。
　自分勝手になっていいんだよ。
　自分を甘やかすだけ甘やかしてあげていいよ。
　自分の感情なんていくら変わってもいいんだよ。
　あいまいな感情があってももちろんいいよ。

　こんなに自分に優しくしても大丈夫でしょうか、ただ甘やかしているだけではないでしょうか？という質問をよく受けます。「この質問が出てくる時点で、どんなに甘やかしても大丈夫なんです」、

とお伝えできます。サーモスタット、つまり下地があれば、神経系のサポートをもとにしているので、他者や自分に破壊的な結果というのを避けることができるのです。ですから安心して土台づくりに励んで、他者にではなく今度は自分に貢献をしてあげましょう。

参考文献

浅井咲子・田島功『自律神経セルフメンテナンス』(非営利活動法人ratik、2014年)
浅井咲子・松本良美『100%魂のかたち』(ヒカルランド、2017年)
安保徹『安保徹の病気にならない免疫の仕組み(図解雑学)』(ナツメ社、2008年)

Kline, M., & Levine, P.(2006). Trauma through a child's eyes: Awakening the ordinary miracle of healing. Berkeley, CA: North Atlantic Books.

Kline, M., & Levine, P.(2008). Trauma proofing your kids: A parents' guide for instilling confidence, joy and resilience. Berkeley, CA : North Atlantic Books.(『子どものトラウマ・セラピー自信・喜び・回復力を育むためのガイドブック』浅井咲子(訳)雲母書房、2010)

Kunchinskas, S.(2009). The chemistry of connection: How the oxytocin response can help you find trust, intimacy, and love. New Harbinger Publications, Inc.(『愛は科学物質だった!?─脳の回路にオキシトシンを放出すればすべてハッピー』白澤卓二(監修)ヒカルランド、2014)

Fisher, J.(2017). Healing the Fragmented Selves of Trauma Survivors: Overcoming Internal Self-Alienation. London, Routridge.

貴邑冨久子・根来英雄『シンプル生理学(改訂第6版)』(南江堂、2008年)
串崎 真志『ふれる／ふれられることの心理学:社会性の基盤を探るタッチ研究』(非営利活動法人ratik、2014年)
久保隆司(2011).『ソマティック心理学』(春秋社、2011年)

Levine, P.(1997). Waking the tiger: Healing trauma: The innate capacity to transform overwhelming experiences. Berkeley, CA: North Atlantic Books.(『心と身体をつなぐトラウマ・セラピー』藤原千枝子(訳)雲母書房、2008)

Levine, P.(2010). In an unspoken voice: How the body releases trauma and restores goodness. Berkeley, CA : North Atlantic Books.（『身体に閉じ込められたトラウマ - ソマティック・エクスペリエンシングによる最新のトラウマ・ケア』池島良子他（訳）星和書店、2016）

Levine, P.（2015）. Trauma & memory: Brain and body in a search for the living past. Berkeley, CA: North Atlantic Books.（『トラウマと記憶 - 脳・身体に刻まれた過去からの回復』花岡ちぐさ（訳）春秋社、2017）

Morse, K. R., &Wiley, M. S.（2012）. Scared sick : The role of childhood trauma in adult disease. New York: Basic Books.

Netter, F.H.（2011）. Atlas of human anatomy. 5th ed. Philadelphia, PA: Saunders.（『ネッター解剖学アトラス（原書 第5版）』相磯貞和（訳）南江堂、2011）

Ogden, P., Minton, K., & Pain, C.（2006）. Trauma and the body: a sensorimotor approach to psychotherapy. New York: W.W. Norton & Company, Inc.（『トラウマと身体 - センサリーモーター・サイコセラピー（SP）の理論と実践—マインドフルネスにもとづくトラウマセラピー—』太田茂之（監訳）星和書店、2012）

Phillips, M.（2000）. Finding the energy to heal: How EMDR, Hypnosis, TFT, Imagery, and body focused therapy can help restore mindbody health. New York: W.W. Norton& Company, Inc.（『最新心理療法—EMDR・催眠・イメージ法・TFTの臨床例』田中 究（監修）、春秋社、2002）

Phillips, M. & Kain, K.（2016）. Resilience: Resolving the somatic symptoms of early trauma. http://bestpracticeintherapy.com

Porges, S.W.（2004）. Neuroception: A subconscious system for detecting threats and safety. Zero to Three. 24（5）, 19-24.

Porges, S. W. (2011). The polyvagal theory: Neurophysiological foundations of emotions, attachment, communication, and self-regulation. New York: W.W. Norton& Company, Inc.

Porges, S. W. (2017). The pocket guide to the polyvagal theory: The transformative power of feeling safe. New York: W.W. Norton & Company, Inc.

Rothchild, B. (2000). The body remembers: Pcyhophysiology of trauma and treatment.
New York: W.W. Norton & Company, Inc.
(『PTSDとトラウマの心理療法―心身統合アプローチの理論と実践』久保隆司（訳）創元社、2009)

Schwartz, R. (2001). Introduction to the Internal Family Systems Model. Oak Park, IL: Trailhead Publications.

Shore, A.N. (2003). Affect dysregulation and disorders of the self. New York: W.W. Norton.

Siegel, D. J. (1999). The developing mind: How relationships and the brain interact to shape who we are. New York: The Guilford Press.

Siegel, D. J., & Hartzell, M. M. (2003). Parenting from the inside out: How a deeper self-understanding can help you raise children who thrive. New York: Penguin Group Inc.

高橋長雄（監修）.『図解雑学からだのしくみ』（ナツメ社、1997年）
Tolle,E. (1999). The power of now: Guide to spiritual enlightenment. Novato, CA: New World Library.（『さとりを開くと人生はシンプルで楽になる』あさりみちこ（訳）飯田史彦（監修）、徳間書店、2002)

Van der Kolk, B.A.（2014）. The body keeps the score: Brain, mind, and body in the healing of trauma. New York: Viking press.（『身体はトラウマを記憶する-脳・心・体のつながりと回復のための手法』、柴田秀之（訳）、杉山登志郎（解説）、紀伊國屋書店、2016）

山口創　『手の治癒力』（草思社、2012 年）

チャート・イラスト

p.33・自律神経の図
https://ohishiheal.net/wp/wp-content/uploads/2015/04/jiritusinnkeizu01.jpg

p.36・迷走神経の図
https://www.imaios.com/i/var/ezwebin_site/storage/images/media/images/e-anatomy/cranial-nerves-anatomy-diagrams/10-vagus-nerve-human-anatomy-diagrams-en/2600997-6-chi-CN/10-vagus-nerve-human-anatomy-diagrams-en_medical512.jpg

p.48・腎臓の図
http://kangoshi-mametishiki01.info/wp-content/uploads/2013/03/WS0000002.jpg

p.62, 64, 67, 68, 69, 70,
特定非営利活動法 ratik　木村健、麻子製作
http://ratik.org/4678/907438135/
p. 83 大越京子　イラスト製作
p. 30 yukineko（雪猫）　イラスト製作

あとがき

　私がセラピーでも日常でも大事にしている癒しの3つの要素があります。サーモスタット、カンガルー、炭酸水。いったい、何のことでしょうか？

　本書では、まず一番に重要なサーモスタットについて書いてみました。

　"なにかのついでに"、みんなで読んでほしい「はるちゃんのおにぎり」。そして覚えてほしい「5つのエクササイズ」は、まさにサーモスタットを神経につくってくれるようなものです。神経系にサーモスタットがあると、興奮や緊張をしたらちゃんと落ち着く、そしてまた活力を取り戻す、という気楽な毎日になるのです。

　次にカンガルーです。

　自分のなかに習得した健全な愛着がある、つまり自分で自分にやさしくできるということです。自己受容って日々練習していくものなのです。いわゆるカンガルーの親も子も同時に内側にいる状態を目指します。

　そして炭酸水。

　炭酸の揮発性のようにボトルの中に閉じ込められている交感神経の緊張や興奮を安全に自分のなかから発散させます。怒りなどの強い感情も、振られた炭酸のふたを少しずつ中身が飛び出さないように開ける感じ

です。適度に表現したり、運動したり、アートを使ったり。サーモスタットができると自然と揮発性を解放してくれる解放体質になってくれます。

　バランスよくこの3つを心がけて、神経系に働きかければ癒しは自分でできるということをどんどん伝えていきたいです！

　なお、本書では、交感神経系、副交感性の神経系、背側・腹側迷走神経複合体、などの表記はせずに、交感・副交感神経、腹側・背側神経などの簡単な表記を用いました。

　最後にトラウマの啓蒙活動をしている NPO 法人レジリエンスの皆さん、梨の木舎の羽田ゆみ子さん、本当にこの本を実現させてくれて感謝です。私の家族、いつも無条件の愛とサポートで見守ってくれました。ありがとう！

2017 年初冬　浅井咲子

私の活動にアイディアを提供してくれたポリヴェーガル理論の S.W. Porges 博士とのショット（2017 年、夏のボストンの Cape Cod にて）

プロフィール
浅井咲子 神経セラピスト

公認心理師、神経自我統合アプローチ（NEIA）開発者。外務省在外公館派遣員として在英日本国大使館に勤務後、米国ジョン・F・ケネディ大学院カウンセリング心理学修士課程修了。現在、セラピールーム「アート・オブ・セラピー」代表。トラウマによる後遺症を一人でも多くの人に解消してもらうべく多数の講演・講座をしている。

著書に『「いごこち」神経系アプローチ』（梨の木舎 2021 年）、『安心のタネの育て方』（大和出版 2021 年）、『こころがほぐれる塗り絵』（ブティック社 2022 年）〔監修〕他、翻訳書に P. ラヴィーン /M. クライン著『[新訳版] 子どものトラウマ・セラピー』（国書刊行会 2022 年）、K. ケイン /S. テレール著『レジリエンスを育む』（岩崎学術出版 2019 年）〔共訳〕、J. フィッシャー著『トラウマによる解離からの回復』（国書刊行会 2020 年）、『内的家族システム療法スキルトレーニングマニュアル』（岩崎学術出版社 2021 年）〔共訳〕、『サバイバーとセラピストのためのトラウマ』（岩崎学術出版社 2022 年）、S. ヘインズ他 著『マンガ版　トラウマや不安、痛みって本当に不思議──でも私は大丈夫、と言える本』（いそっぷ社 2023 年）がある。

「今ここ」神経系エクササイズ
「はるちゃんのおにぎり」を読むと、他人の批判が気にならなくなる。

2017 年 12 月 25 日　初版発行
2019 年　1 月 25 日　2 刷
2019 年 12 月　5 日　3 刷
2020 年 11 月　5 日　4 刷
2022 年　2 月　5 日　5 刷
2023 年　7 月 15 日　6 刷
2025 年　2 月 15 日　7 刷

著　者：浅井咲子

絵　　：大越京子

装　丁・DTP：宮部浩司

発行者：羽田ゆみ子

発行所：梨の木舎

101-0061 東京都千代田区神田三崎町 2-2-12 エコービル 1 階
TEL:03-6256-9517　FAX:03-6256-9518
info@nashinoki-sha.com
http://www.nashinoki-sha.com/
印刷所：株式会社　厚徳社
ISBN 978-4-8166-1707-2 C0011

梨の木舎の本

「いごこち」神経系アプローチ　3刷
～ 4つのゾーンを知って安全に自分を癒やす

浅井咲子 著　A5変判／136頁／定価1700円+税

大人気『「今ここ」神経系エクササイズ』の待望の続編。
育児、教育、仕事、恋愛、介護など社会生活をするなかで、自分のことも、他者のことも「厄介、うっとうしい、ややこしい」、と思うことはありませんか？ その苦しみの根底に潜んでいるのは、実は「トラウマ」。過去の「サバイバル戦略」であり、あなたの性格のせいではないのです。
トリガー（引き金）を理解し、自身を癒やし＜いごこちをよくする＞チャンスにしていきましょう。

978-4-8166-2102-4

傷ついたあなたへ
──わたしがわたしを大切にするということ　7刷

NPO法人・レジリエンス 著
A5判／104頁／定価1500円＋税

◆DVは、パートナーからの「力」と「支配」です。誰にも話せずひとりで苦しみ、無気力になっている人が、DVやトラウマとむきあい、のりこえていくには困難が伴います。
◆本書は、「わたし」に起きたことに向きあい、「わたし」を大切にして生きていくためのサポートをするものです。

978-4-8166-0505-5

傷ついたあなたへ 2
──わたしがわたしを幸せにするということ　3刷

NPO法人・レジリエンス 著
A5判／85頁／定価1500円＋税

ロングセラー『傷ついたあなたへ』の2冊目です。Bさん（加害者）についてや、回復の途中で気をつけておきたいことをとりあげました。◆あなたはこんなことに困っていませんか？ 悲しくて涙がとまらない。どうしても自分が悪いと思ってしまう。明るい未来を想像できない。この大きな傷つきをどう抱えていったらいいのだろう。

978-4-8166-1003-5

マイ・レジリエンス
──トラウマとともに生きる　　　3刷

中島幸子 著
四六判／298頁／定価2000円＋税

DVをうけて深く傷ついた人が、心の傷に気づき、向き合い、傷を癒し、自分自身を取り戻していくには長い時間が必要です。4年半に及ぶ暴力を体験し、加害者から離れた後の25年間、PTSD（心的外傷後ストレス障害）に苦しみながらうつとどう向き合ってきたか。著者自身のマイレジリエンスです。

978-4-8166-1302-9

愛する、愛される【増補版】
──デートDVをなくす・若者のためのレッスン7　　　2刷

山口のり子・アウェアDV行動変革プログラムファシリテーター 著
A5判／128頁／定価1200円＋税

●目次　1章 デートDVってなに？／2章 DVは力と支配／3章 もしあなたが暴力をふるっていたら？／4章 もしあなたが暴力をふるわれていたら？／5章 女らしさ・男らしさのしばりから自由に／6章 恋愛幻想
【増補】今どきの若者たちとデートDV

愛されていると思い込み、暴力から逃げ出せなかった──
◆愛する、愛されるって、ほんとうはどういうこと？

978-4-8166-1701-0

愛を言い訳にする人たち
──DV加害男性700人の告白

山口のり子 著
A5判／192頁／定価1900円＋税

●目次　1章 DVってなんだろう？／2章 DVは相手の人生を搾取する／3章 DV加害者と教育プログラム／4章 DV加害者は変わらなければならない／5章 社会がDV加害者を生み出す／6章 DVのない社会を目指して

◆加害者ってどんな人？　なぜDVするの？　加害男性の教育プログラム実践13年の経験から著者は言う、「DVに関係のない人はいないんです」

978-4-8166-1604-4

梨の木舎　新刊本

性暴力を受けたわたしは、今日もその後を生きています。

池田 鮎美 著　　四六判／244頁／定価2000円＋税

●目次　1「なぜこんなに苦しいのだろう」―未成年への性暴力／2「体が動かない。これは夢かな」―知らない人からの性暴力／3「刑法を改正したい」―暴行・脅迫要件の衝撃／11「性被害ってこんなにたくさんあるのか」―言葉で社会を変えていく　等々

性暴力被害者自身による9000日の記録。幼馴染の死の真相は性暴力によるものだった。立ちすくむ16歳のわたしはまだ、自分自身も性暴力に遭うことになるとは、思いもしなかった。

推薦：伊藤詩織　武田砂鉄　瀧波ユカリ　清田隆之 各氏

978-4-8166-2305-9

無限発話 ――買われた私たちが語る性売買の現場

性売買経験当事者ネットワーク・ムンチ著
萩原恵美訳・金富子監修・小野沢あかね解説

A5判　194頁　定価1800円＋税

ムンチは韓国で2006年、性売買を経験した女性たちが反性搾取の立場で自主的に結成した自助グループ。本書はムンチのメンバーが語る初めての本。業者や買春する男の実態をさらす。

桐野夏生さん推薦
聞け！　彼女たちの無限に尽きぬ言葉を。
性売買の現場は、女たちへの暴力と搾取に満ちたむごい場所だというのに、買う男の話は、そして自己責任だと笑う人々の話は、なぜ誰もしないのか？

978-4-8166-2304-2

7人の戦争アーカイブ――あなたが明日を生き抜くために

内海愛子 編　A5判／254頁　定価2200円＋税

●目次　鶴見和子：「小さな民」の視点から／北沢洋子：カイロで目からウロコが落ちた／鄭敬謨：板門店で"アメリカ"が見えた／高崎隆治：戦争と性――語られなかった強かん／岡本愛彦：軍隊とはこんなところだった／湯浅謙：生体解剖」は日常業務だった／亀井文夫：占領軍に没収された『日本の悲劇』

※「聖戦」とは、「東洋平和」とは何だったのか？ 実態は「強制連行」であり、「従軍慰安婦」であり、「731部隊」ではなかったか。
戦争の時代を生きた7人から、あなたにつなぐ《歴史総合》。

978-4-8166-2401-8